CHAMBRE DE COMMERCE DE LYON

(Séance du 3o mars 1916)

CONTRIBUTION EXTRAORDINAIRE

SUR LES

BÉNÉFICES EXCEPTIONNELS

RÉALISÉS PENDANT LA GUERRE

RAPPORT

De M. H. CHAMONARD

Membre de la Chambre.

CONTRIBUTION EXTRAORDINAIRE

SUR LES

BÉNÉFICES EXCEPTIONNELS

RÉALISÉS PENDANT LA GUERRE

RAPPORT

De **M. H. CHAMONARD**

Membre de la Chambre.

Dans la séance du trente mars mil neuf cent seize où se trouvent réunis :

M. Jean COIGNET, *président;*

MM. Ennemond MOREL et L. PRADEL, *vice-présidents ;*

MM. CHAMONARD, RIVOIRE, FERRAND, BRIZON, BARRET, BABOIN, SAINT-OLIVE, COQUARD, PÉRONNET, RICHARD, GUÉNEAU, LIGNON, BRUNIER, DIEDERICHS, *trésorier*, et PERRIN, *secrétaire.*

M. CHAMONARD présente le rapport suivant au nom de la Commission de législation :

MESSIEURS,

Le projet de loi que nous nous proposons d'examiner ici répond à une idée juste et patriotique. Alors que la guerre, sans parler des deuils douloureux dont souffrent la plupart des familles françaises, accumule les ruines dans une partie du pays, et, même dans les parties non envahies du territoire, atteint dans leur fortune, dans leur position, une grande partie de nos concitoyens, il semble absolument justifié que ceux qui — malgré la guerre, ou du fait même de la guerre, par suite de répercussions directes ou indirectes, soit dans leurs affaires normales, soit dans des entreprises spécialement organisées sous la pression des circonstances — se trouvent dans une situation économique florissante et réalisent des bénéfices, soient appelés à en abandonner une partie comme contribution à la Défense nationale. Et nous avons la conviction que, chez aucun de ceux auxquels la loi fait appel, elle ne rencontre d'opposition fondamentale au principe lui-même. Toutefois, l'application de ce principe est particulièrement délicate ; car, si tous sont disposés à répondre à cet appel, encore faut-il que les dispositions qui en déterminent l'application s'inspirent d'un esprit de modération, de justice, de respect de la liberté commerciale et du secret des affaires. Nous verrons tout à l'heure si la loi sous examen répond bien à ces desiderata.

Avant de nous parvenir tel qu'il a été voté par la Chambre des Députés, le projet a passé par des phases diverses. A l'origine, il semble bien que la première idée en ait été inspirée par le désir de donner satisfaction à l'opinion publique émue des récits, vrais ou faux, que l'on allait colportant, de bénéfices disproportionnés réalisés sur les marchés de fournitures avec l'Etat par des fournisseurs peu scrupuleux. Quelque regrettables que puissent avoir été ces pratiques, probablement d'ailleurs moins généralisées qu'on ne l'a prétendu, une pareille conception, qui ne tendrait à rien moins qu'à faire reprendre par l'Etat, sous forme de taxe distincte, une partie des sommes que ses contrats l'obligeaient à payer, répugne aux notions les plus élémentaires de l'équité. Si l'Etat estime avoir été, dans certains cas, victime de fraudes ou de malfaçons, c'est, comme on l'a dit très justement, par la voie judiciaire qu'il peut et doit poursuivre la réparation du préjudice subi ; mais il ne peut, sous couleur d'impôt spécialisé, reprendre d'une main ce qu'il a donné de l'autre. Aussi doit-on féliciter le Ministre des finances d'avoir résisté à ces suggestions et d'avoir envisagé la question d'un point de vue plus général, qui est en même temps plus généreux.

C'est, en effet, sous la forme de sacrifice demandé aux plus favorisés en faveur de l'intérêt général, qu'il faut considérer le projet, et non pas sous la forme plus étroite et susceptible de le rendre odieux, d'une sorte de pénalisation visant les favorisés, dont, pour la plupart, le succès est dû, en partie tout au moins, à leur activité, à leur habileté à profiter des circonstances, et dans bien des cas, à en faire profiter l'Etat ; car nombreux sont les fournisseurs consciencieux qui ont mis au service de l'Etat, outre leur expérience des affaires, de précieux éléments d'outillage et d'approvisionnement sous toutes les formes.

Le premier projet du Ministre des finances a été passablement modifié par la Commission du budget. Les principales modifications portaient sur la détermination des éléments de comparaison entre les bénéfices réalisés pendant la guerre, et ceux normalement effectués avant la guerre, de manière à en faire ressortir le « bénéfice exceptionnel »; et surtout sur le mode de taxation et le taux même de cette taxation. Le projet de la Commission du budget a été à son tour remanié par la Chambre au cours de la discussion qui a occupé les séances des 15, 17, 18 et 22 février. Nous ne nous attarderons pas à entrer dans le détail de ces deux projets, et en arrivons tout de suite à l'analyse succincte du texte de loi tel qu'il a été voté à l'unanimité, moins la voix de M. J. Roche, par la Chambre des Députés, dans la séance du 22 février, et est actuellement soumis au Sénat.

Le libellé de l'impôt, d'après le projet de loi, est: *Contribution extra-ordinaire sur les bénéfices exceptionnels réalisés pendant la guerre.* Nous ferons remarquer en passant que cette désignation n'est pas très exacte et qu'une portion des bénéfices visés sont plutôt des bénéfices *supplémentaires* qu'*exceptionnels.*

La contribution est instituée sur les bénéfices réalisés depuis le 1er août 1914 jusqu'à l'expiration du douzième mois qui suivra celui de la cessation des hostilités. Elle est due :

Par toutes les personnes ou Sociétés qui accomplissent ou ont accompli à titre habituel ou accidentel des opérations réputées par la loi actes de commerce,

Ou qui, sous une forme quelconque, prêtent ou ont prêté leur entremise ou leur concours pécuniaire, moyennant rémunération, à l'accomplissement d'une opération commerciale,

Et enfin, par les exploitants d'entreprises assujetties à la redevance proportionnelle prévue par la loi du 21 avril 1810, article 33 (redevance des mines[1]).

Elle est calculée, en prenant pour base le bénéfice net réalisé respectivement pendant la période s'étendant du 1er août 1914 au 31 décembre 1915, et pour chacune des années suivantes, *sans qu'aucune compensation s'établisse entre les bénéfices d'un exercice et les pertes d'un*

---

[1] Il est à remarquer que cette énumération des assujettis, qui ne vise que les opérations commerciales et les exploitants des concessions minières, mais non pas « tous les patentés », laisse en dehors de l'effet de la loi les bénéfices agricoles et les professions libérales. Nous verrons plus loin que certaines Chambres de commerce ont formulé des réserves à ce sujet.

autre. Ce bénéfice net est constitué « par le produit brut totalisé des diverses entreprises exploitées par le même assujetti ». — compensation faite, il est vrai, des pertes résultant d'un déficit d'exploitation éventuel sur une ou plusieurs de ses entreprises — et sous déduction :

1° Des intérêts des dettes et emprunts contractés pour les besoins de chaque entreprise.

2° Du coût d'acquisition des matières premières employées dans la fabrication des marchandises écoulées ou des marchandises vendues pendant la période d'imposition.

3° Des frais généraux, tels que : réparation et entretien. assurances, combustible, force motrice, loyer. (Il est à remarquer que l'intérêt ou capital n'est pas compris dans cette énumération. Nous reviendrons tout à l'heure sur ce point.)

4° Des traitements, salaires et rétributions diverses.

5° Des taxes de même nature acquittées à l'étranger et des contributions afférentes à l'entreprise.

6° Des sommes qui, dans les conditions spéciales à chaque entreprise, doivent-être réservées pour l'amortissement des bâtiments, du matériel et de l'outillage, en tenant compte des dépréciations exceptionnelles des installations spéciales effectuées en vue des fournitures de guerre.

7° Des sommes effectuées à l'amortissement des créances irrécouvrables.

Les déductions prévues à ces deux derniers paragraphes feront toutefois l'objet d'une revision et d'un règlement définitif jusqu'à l'expiration de la deuxième année qui suivra celle de la cessation des hostilités, et pourront donner lieu à un rappel de bénéfices incorporé à celui de la dernière année.

Une remarque en passant à propos de la détermination des périodes pendant lesquelles l'impôt restera en vigueur. Il est question d'une première période s'étendant du 1er août 1914 au 31 décembre 1915, et ensuite de « chacune des années suivantes ». Mais comme, d'autre part, l'article premier prévoit que la contribution est exigible sur les bénéfices réalisés « jusqu'à l'expiration du douzième mois qui suivra celui de la cessation des hostilités », il est possible et — probable — que cette échéance ne coïncidera pas avec une fin d'année. Il y aurait donc lieu de déterminer la dernière période en vue de cette éventualité.

Le bénéfice net ainsi déterminé, comme expliqué plus haut, est diminué d'une somme correspondant au bénéfice normal moyen basé sur les résultats des trois exercices antérieurs au 1er août 1914; ou de la période pendant laquelle auront été réalisées les opérations de l'assujetti, si cette période est inférieure à trois années, cette déduction ne pouvant en aucun cas — même si l'assujetti n'a pas réalisé d'opérations avant le 1ᵉʳ août 1914, même si les exercices antérieurs au 1ᵉʳ août 1914 se traduisaient par des pertes — être inférieure ni à 5.000 francs, ni à 6 o/o du capital réellement engagé et rémunéré dans l'entreprise.

Ces éléments seront déterminés par une déclaration *obligatoire* des assujettis qui devra être faite : pour la première période, dans les trois mois qui suivront le vote de la loi ; pour les périodes suivantes, dans les trois premiers mois de l'année, des délais supplémentaires pouvant être accordés aux assujettis dont les bilans sont établis d'après le résultat d'une période de douze mois ne coïncidant pas avec l'année normale, ou pour les contribuables, mobilisés ou non, qui se trouveraient dans l'impossibilité de souscrire leur déclaration.

Ces déclarations sont soumises à l'examen d'une Commission du premier degré de six membres, composée de fonctionnaires des Finances ou de l'Intendance, et de deux commerçants, l'un pris parmi les membres des Chambres de commerce, l'autre parmi les membres des Tribunaux de commerce. Cette Commission a *tous droits* pour se faire communiquer *tous documents nécessaires à l'établissement des éléments de taxation*, et pour faire procéder à des vérifications par des agents des Contributions directes, assistés au besoin de personnes compétentes désignées à cet effet à raison de leurs connaissances spéciales. Tout assujetti qui n'aura pas fait sa déclaration dans les délais impartis sera, après mise en demeure suivie d'un autre délai d'un mois, taxé d'office avec surtaxe de 10 o/o. A ce sujet, il est intéressant de remarquer que le projet de la Commission prévoyait au contraire une prime de 10 o/o de réduction aux contribuables qui auraient fait leur déclaration dans les délais prescrits ; la disposition actuelle qui le remplace indique bien le changement de mentalité qui s'est opéré pendant la discussion. Les décisions de la Commission sont notifiées aux intéressés, par les soins des Contributions directes dans le délai d'un mois à partir du jour où elles ont reçu cette notification. Les intéressés peuvent faire appel de ces décisions devant une Commission du deuxième degré de dix-sept membres, composée de fonctionnaires, de magistrats et de trois membres désignés par la réunion des Présidents des Chambres de commerce, qui, elle, juge en dernier ressort.

La contribution est calculée d'après une double échelle de taxes progressives basées : la première, sur l'importance du bénéfice exceptionnel en fonction du bénéfice normal ; la seconde, sur son importance en valeur absolue. Ces taxes se superposent ; elles partent de 10 o/o pour les bénéfices ne dépassent pas la moitié du bénéfice normal et 2.000 francs, et pourraient aller jusqu'à 70 o/o pour les bénéfices supérieurs à trois fois le bénéfice normal et à un million. Toutefois, une disposition spéciale votée sur un amendement, stipule que le montant de la contribution ne pourra jamais dépasser 5o o/o du bénéfice exceptionnel. Voici, du reste, le détail de cette double taxation :

Taux	Fraction du bénéfice imposable	En fonction du *bénéfice normal*	En *valeur* absolue
			Francs
5 o/o	Ne dépassant pas. . . .	1/2 (du bénéf. normal)	20.000
10 o/o	Comprise entre	1/2 et 1 fois	20.000 et 50.000
15 o/o	— —	1 et 2 fois	5o.000 et 200.000
20 o/o	— —	2 et 3 fois	200.000 et 5oo.000
25 o/o	Supérieure à	3 fois	»
»	Comprise entre	»	5oo.000 et 1.000.000
45 o/o	Supérieure à	»	1.000.000

Maximum des deux taxes totalisées 5o o/o du bénéfice imposable.

Toute insuffisance de déclaration non *frauduleuse* emportera le double, triple, ou quadruple droit sur l'insuffisance suivant que cette insuffisance dépasse le dixième, le cinquième, ou la moitié du bénéfice imposable. Toutefois, le chiffre de la contribution augmenté du montant des pénalités ne pourra, dans aucun cas, être supérieur au montant du bénéfice imposable.

Toute dissimulation *frauduleuse* sera passible de peine d'emprisonnement de trois mois à deux ans, et d'amende de 700 francs à 10.000 francs.

Toute omission ou insuffisance d'imposition relevée par l'Administration pourra être réparée jusqu'à l'expiration de la deuxième année qui suivra celle de la cessation des hostilités.

Des dispositions spéciales visent le cas des intermédiaires pour lesquels le taux de la contribution sera de 5o o/o de l'intégralité du bénéfice, sans qu'aucune déduction soit opérée à leur profit.

Pour les entreprises passibles de la redevance des Mines, le bénéfice imposable est calculé d'après la comparaison entre le produit net servant de base à la redevance proportionnelle, avant et depuis la guerre.

Telles sont, succinctement résumées, les caractéristiques de la loi sous examen. Encore une fois, nous n'en contestons par le principe fondamental, mais nous ne pouvons moins faire de formuler au sujet des dispositions que nous venons de vous résumer, les réserves suivantes :

D'abord, une observation d'ensemble : c'est l'espèce d'hostilité qui semble s'en dégager à l'encontre de tous ceux qui sont passibles du nouvel impôt. Le projet, avec ses dispositions tracassières et soupçonneuses, ses pénalités excessives, semble bien se placer au point de vue que nous déplorions tout à l'heure, d'une suspicion à l'encontre de ceux qui, en somme, représentent les éléments de la richesse nationale; comme si, pour emprunter les paroles de M. David Mennet, c'était un crime de réussir en France. Il semble que le législateur ait toujours eu devant les yeux le fournisseur peu scrupuleux — cas que nous croyons heureusement rare — et non pas des commerçants ayant su tirer parti des circonstances pour redonner une féconde activité à l'industrie et au commerce français. Une preuve topique de cette mentalité, c'est la transformation que nous signalions tout à l'heure de la prime de 10 o/o prévue tout d'abord par la Commission du budget en faveur des assujettis diligents à faire leur déclaration, en une pénalisation de même importance contre ceux qui se déroberaient à la déclaration en temps voulu.

Nous sommes d'accord avec M. le Président de la Chambre de commerce de Paris pour regretter très vivement cette attitude des milieux parlementaires et nous espérons que le projet nous reviendra du Sénat amendé dans un sens plus libéral.

Ceci dit, et sans arborder encore l'examen du mécanicisme de la loi, sur lequel nous reviendrons tout à l'heure, les trois objections de principe que nous pouvons formuler contre le projet de loi tel qu'il a été voté par la Chambre sont :

Sa rétroactivité;

Ses dispositions inquisitoriales ;

L'inégalité de traitement qui en résultera forcément.

RÉTROACTIVITÉ. — Nous reconnaissons que, puisque le projet a pour principal objet de trouver des ressources exceptionnelles chez tous ceux qui auront été privélégiés pendant la guerre, au point de vue du développement et du résultat de leurs opérations commerciales ou industrielles, il était naturel de rechercher ces opérations depuis leur origine, surtout en ce qui concerne les marchés passés pour fournitures de guerre qui ont commencé aussitôt après la déclaration de guerre, et dont les premiers, conclus un peu hâtivement par l'Autorité militaire, ont propablement laissé aux traitants des marges de bénéfices plus fortes que ceux passés ultérieurement.

Mais nous ne pouvons cependant moins faire de rappeler que cette conception va à l'encontre du principe primordial qui est à la base de notre système légal, et de signaler les difficultés qui en résulteront dans l'application. Nombreux seront, en effet, les cas de Sociétés ayant déjà distribué les bénéfices correspondant à cette période du 1er août 1914 au 31 décembre 1915, notamment en ce qui concerne les Sociétés anonymes. Par quels procédés pourront-elles rechercher chez leurs actionnaires, en particulier pour les actions au porteur, les 20, 30, 40 o/o de ce bénéfice distribué qui représenteront la contribution due pour cet exercice ? Et comment y feront-elles face ? Sera-ce par un prélèvement sur les réserves ? Il est douteux que les Statuts, dans la plupart des cas tout au moins, autorisent semblable pratique. Faudra-t-il, au contraire, en grever l'exercice suivant pour lequel alors ce sera une double charge, puisqu'il aura déjà à supporter la contribution correspondant à ses résultats propres ? Et, dans ce cas, comment se règlera-t-elle ?

Prenons une Société anonyme dont le bénéfice normal moyen soit ressorti à 8.000 francs par mois, ou 96.000 francs par an, et le bénéfice exceptionnel imposable à 1.000 francs par mois, aussi bien pour le premier exercice allant du 1er août 1914 au 31 décembre 1915 que pour le second exercice comprenant l'année 1916.

Le bénéfice exceptionnel imposable pour les dix-sept mois du premier exercice sera de. . . . . . fr. 170.000
et la contribution de. . . . . fr. 33.000[1]

Le bénéfice du second exercice sera nominalement de. . . . . fr. 120.000
devant entraîner une contribution de . . . . . . fr. 23.300[1]

soit un total de . . . . fr. 56.300
à payer et que réclamera probablement l'Administration d'après le vu des bilans. Cependant, en réalité, le second exercice, grevé des 33.000 francs qu'il devra acquitter pour l'exercice précédent, ne donnera plus qu'un bénéfice effectif de 120.000 — 33.000, soit . fr. 87.000
sur lequel la contribution ne sera plus que. . . . . » 15.850[2]

soit une différence avec 23.300 de . » fr. 7.450

Comment donc devra se faire la déclaration ? Si la Société déclare

---

[1] 5 o/o : fr. 48.000 + 20.000 = 3.400
   10 o/o : 48.000 + 30.000 = 7.800
   15 o/o : 24.000 + 70.000 = 12.100

$$\frac{23.300 \times 17}{12} = 33.008,30.$$

[2] 5 o/o : 48.000 + 20.000 = 3.400
   10 o/o : 39.000 + 30.000 = 6.900
   15 o/o : 37.000 = 5.550
              15.850

87.000 francs et que, d'après les bilans, l'Administration réclame le paiement de la contribution sur 120.000 francs, la différence avec 87.000 étant de 33.000, ou plus du cinquième du bénéfice imposable, pourra donner lieu à la réclamation du triple droit !

Et si le deuxième exercice, au lieu d'un bénéfice, donne une perte! la Société devra-t-elle encore augmenter cette perte du payement de 33.000 francs afférents à l'exercice précédent? Et si elle en est déchargée, c'est donc qu'il y aura eu compensation entre les résultats des deux exercices !

On voit quelles complications ne peut manquer d'entraîner cette application rétroactive de la loi, et combien il serait plus simple, — de même que nous montrerons plus loin que ce serait plus équitable, — de considérer la période imposable comme un ensemble, et non pas d'envisager séparément et sans compensation chacun des exercices qui la composeront.

Inquisition. — Ce sont les mesures inquisitoriales prévues au projet de loi, c'est-à-dire la déclaration contrôlée avec obligation de production des livres de commerce, qui constituent à nos yeux son vice le plus grave.

Ces mesures sont en effet en opposition, et avec l'avis de tous les groupements autorisés en pareille matière, Chambres de commerce ou groupements syndicaux, et avec les dispositions de la loi du 15 juillet 1914, et enfin avec le droit commun.

Avec l'avis des Chambres de commerce et des groupements syndicaux, et notamment avec la thèse soutenue par notre Chambre dans le rapport de son Président sur l'Impôt sur le revenu, adopté dans sa séance du 15 janvier 1914, et avec celle du rapport sur le même sujet adopté à l'assemblée générale de l'Union des Chambres syndicales lyonnaises du 22 avril 1914 ; qui tous deux concluaient, par souci du secret des affaires, en faveur de la détermination du bénéfice commercial en fonction de la patente; sous réserve, il est vrai, de la révision toujours ajournée de ce régime des patentes. Nos préférences n'ont pas changé, et c'est encore dans une évaluation forfaitaire basée sur les patentes que nous verrions la solution la plus simple de la question qui nous occupe, comme nous l'exprimons plus loin.

Ces mesures sont aussi en opposition avec les dispositions de la loi du 15 juillet 1914, qui, après de longs et passionnés débats, a fini par écarter, au moins dans la forme brutale reprise par la loi actuelle, l'obligation de la déclaration contrôlée. Qu'il nous soit permis à ce propos, de faire remarquer combien est singulier le procédé parlementaire qui consiste — lorsqu'il y a en quelque sorte chose jugée —

à revenir sur la décision acquise, par l'introduction dans une nouvelle loi des mesures écartées par les votes précédents.

Les garanties du secret commercial que donne cette loi du 15 juillet 1914 sont, il est vrai, bien minces, et nous ne pouvons moins faire de maintenir notre protestation contre le principe de la déclaration contrôlée qui en est la base : mais au moins n'envisage-t-elle de la part du contribuable que la déclaration *facultative* dont la vérification par le contrôleur ne peut se faire qu'à l'aide des éléments certains dont il dispose en vertu de ses fonctions, sans qu'il puisse *exiger* de l'intéressé la production d'aucun livre acte, ou document quelconque. Or, dans le projet qui nous occupe, nous l'avons vu, la déclaration n'est plus facultative, mais *obligatoire;* le retard apporté à la faire est pénalisé d'une majoration de taxe. Elle devra être détaillée, et comprendre : d'une part les éléments nécessaires à l'établissement du bénéfice normal moyen pendant les trois exercices antérieurs au 1er août 1914, et d'autre part, ceux nécessaires à la détermination du bénéfice réalisé depuis ; et elle sera *contrôlée* par la communication *obligatoire* de tous livres ou documents nécessaires avec vérification éventuelle par un agent des contributions assisté au besoin d'une personne compétente ; communication et vérification à la discrétion tant de la Commission du premier degré que de celle du deuxième degré.

Et c'est en cela que nous prétendons que ces dispositions sont contraires au droit commun. En effet, l'article 14 du Code de commerce prévoit limitativement les cas où la représentation ou la communication des livres de commerce pourra être requise. Ce droit pour le commerçant au secret de ses opérations est un des points sur lesquels le législateur a insisté avec le plus de sollicitude; et, à considérer la prudence et la sagesse qui ont présidé à la rédaction de cet admirable monument qu'est notre Code de commerce, où rien n'a été laissé au hasard, où les seules préoccupations qui ont inspiré ses rédacteurs sont le souci de la justice et le respect des droits de chacun, il semble qu'on aurait dû hésiter à y porter la main. D'autant plus que l'expérience a prouvé maintes fois que, lorsque sous l'empire de préoccupations d'un autre ordre, il a été passé outre à l'observation des principes de nos Codes, on a dû, tôt ou tard, y revenir, en face des conséquences imprévues qu'entraînait la dérogation consentie.

Enfin, le troisième des griefs en quelque sorte capitaux que nous ayons contre le projet sous examen est :

L'Inégalité de traitement qui en résultera dans de nombreux cas entre les assujettis. Cette inégalité pourra dériver de trois causes : 1° la non-compensation des différents exercices entre eux au point de vue des bénéfices et des pertes; 2° le manque de proportionnalité résultant de la double taxe et notamment de celle sur la valeur absolue du bénéfice imposable; 3° la détermination du bénéfice normal moyen à déduire.

En ce qui concerne la non-compensation des exercices entre eux, que l'on considère deux entreprises dont l'une, peu influencée par la guerre, aura continué son exploitation pendant toute la période soumise à la contribution sans grand changement dans sa marche normale et avec des bénéfices annuels ne dépassant pas la moyenne des exercices antérieurs : elle n'aura rien à payer — et dont l'autre, par contre, subissant le contre-coup des fluctuations des matières premières, ou ayant travaillé pour l'Etat dans des conditions inégalement avantageuses, aura eu un ou deux exercices à gros bénéfices sur lesquels elle aura dû rétrocéder 3o ou 4o o/o à titre de contribution, puis d'autres exercices et peut-être plus particulièrement le dernier, pendant lesquels des opérations moins fructueuses ou la baisse des matières qui pourront lui rester en stock (et dont la dépréciation n'entre pas en ligne de compte dans la détermination du bénéfice exceptionnel tel que prévu au projet) lui auront fait subir des pertes égalant ou dépassant ses bénéfices précédents : elle aura en fin de période versé une grosse contribution, et se trouvera en lourde perte. Et ce cas sera fréquent ; car les bénéfices exceptionnels ne seront bien souvent qu'illusoires, dus à des hausses anormales des matières, dont le contre-coup se fera sentir à la liquidation. Il y a là une inégalité flagrante de traitement.

D'autre part, au point de vue de la disproportionnalité, si nous pouvons dire, résultant de l'application de la double taxe, nous nous bornerons à donner l'exemple suivant :

Supposons deux entreprises : l'une au capital de 10.000.000 de francs et l'autre de 1.000.000, dont le rendement moyen serait pour chacune de 6 o/o et le bénéfice exceptionnel imposable quatre fois le bénéfice moyen, soit de 24 o/o pour une même période, c'est-à-dire pour la première 2.400.000 francs et pour la seconde 240.000 francs. Et supposons un capitaliste intéressé pour une même somme de 100.000 francs dans chacune d'elles. Quel sera son résultat au regard de chacune de ces entreprises?

Pour la première, la contribution sera de 1.200.000 francs, soit 12 o/o du capital et 5o o/o du bénéfice imposable.

Pour la seconde, elle sera de 75.000 francs, soit 7,5o o/o du capital et 31,25 o/o du bénéfice imposable !

En sorte que le capitaliste intéressé dans les deux affaires aura touché pour la même somme de 100.000 francs engagés dans chacune d'elles :

Pour la première, 12.000 francs, soit 12 o/o ;

Pour la seconde, 16.500 francs, soit 16,50 o/o[1].

Et, cependant, les deux entreprises ont donné le même rendement moyen.

Et cette disproportionnalité ne se justifie pas par la considération des plus gros chiffres, tant en capitaux qu'en bénéfices, de la première affaire, car les affaires à gros capitaux ne sont souvent, du fait du jeu des actions, que des groupements de capitaux de provenances diverses et d'importance moyenne, au regard desquels les bénéfices ne se traduisent que par des pourcentages.

Cette disproportionnalité provient de la progression exorbitante adoptée pour la taxation en fonction de la valeur absolue du bénéfice imposable qui fait que, passé 1.000.000 de bénéfices, la contribution en absorbe 45 o/o. Or, si 1.000.000 est un chiffre de bénéfice élevé pris en soi, il ne représente cependant que 10 o/o sur une affaire à 10.000.000 de capital, et elles sont nombreuses !

La troisième cause d'inégalité de traitement provient de la détermination en valeur absolue du bénéfice normal moyen dont le projet admet la déduction, tandis qu'il faudrait le considérer en rendement du capital. Il peut y avoir en effet, des variations de capital survenues entre les exercices pris comme comparaison antérieurement au 1er août 1914 et les exercices ultérieurs. Supposons, par exemple, une entreprise au capital de 1.000.000 avant la guerre, et ayant réalisé un bénéfice moyen de 150.000 francs (intérêt du capital compris), soit un

---

[1] La contribution pour chaque entreprise sera calculée comme suit :
Pour la première :

5 o/o :	fr. 300.000	+	20.000	= fr.	16.000
10 o/o :	300.000	+	30.000	=	33.000
15 o/o :	600.000	+	150.000	=	112.500
20 o/o :	600.000	+	300.000	=	180.000
25 o/o :	600.000	+	500.000	=	275.000
45 o/o :			1.400.000		630.000

TOTAL . . . . 1.206.500 ramené à 1.200.000,

soit 50 o/o du bénéfice imposable, qui est le maximum.
Pour la deuxième :

5 o/o :	fr. 30.000	+	20.000	= fr.	2.500
10 o/o :	30.000	+	30.000	=	6.000
15 o/o :	60.000	+	150.000	=	31.500
20 o/o :	60.000	+	40.000	=	20.000
25 o/o :	60.000				15.000

TOTAL . . . . . fr. 75.000

rendement de 15 o/o. Et supposons qu'elle ait dû porter son capital à 3.000.000 pour faire face à ses nouvelles installations, en vue de fournitures à l'Etat. Si elle a réalisé 600.000 francs de bénéfices, est-ce qu'il serait juste de ne lui allouer comme déduction que 150.000 fr. de bénéfice normal moyen? Il semble que c'est 15 o/o qui doivent lui être alloués, laissant ainsi un bénéfice imposable de 150.000 francs et non pas de 450.000 francs.

Deux conséquences découlent de ces observations :

La première, c'est que, si le législateur veut vraiment établir une contribution sur les bénéfices exceptionnels réalisés pendant la guerre, c'est-à-dire une contribution d'exception dont le but est ouvertement de demander aux privilégiés — du fait de la guerre ou malgré la guerre — d'abandonner, au profit de la Défense Nationale, une partie de leurs bénéfices commerciaux ou industriels, il faut, de toute nécessité, que les bénéfices d'un exercice puissent venir en compensation des pertes éventuelles d'un ou de plusieurs autres exercices ; et qu'au point de vue de cette compensation la période totale pendant laquelle la contribution sera appelée à jouer, soit considérée dans son ensemble, et non par tranches isolées et étanches, non compensables l'une par l'autre. Il serait en effet profondément inique qu'en vertu d'un principe de solidarité, auquel tous souscrivent volontiers, quelques-uns, qui seront sans doute nombreux, soient exposés à subir, sous prétexte de contribution, des prélèvements qui leur constitueront de lourdes pertes ! Cela nous semble de la plus élémentaire justice sans qu'il soit besoin d'y insister.

En outre, ainsi que nous le disions plus haut, les inconvénients de la rétroactivité seraient sensiblement atténués par cette manière de comprendre la mesure.

D'ailleurs, au cours des débats, ce n'est que pour des raisons d'ordre fiscal que le rapporteur s'est opposé à la prise en considération des amendements qui ont été déposés dans ce sens. Nous ne méconnaissons pas ces exigences et nous sommes tout disposés à admettre des payements annuels basés sur les résultats de chaque exercice, sauf compensation à établir *in fine* et remboursement par l'Etat du trop-perçu éventuel.

La Chambre de commerce de Rouen, dans un remarquable rapport de M. Desmont, va plus loin et demande que, au cas où les trois exercices antérieurs au 1er août 1914 présenteraient un solde en perte, cette perte soit déduite, avant toute autre affectation, du bénéfice exceptionnel éventuel. Nous ne croyons pas devoir suivre nos collègues dans cette voie. D'après l'esprit de la contribution spéciale, nous croyons que les résultats de la période de guerre doivent être considérés globalement en vue des ressources à en retirer et sans compensation avec les résultats antérieurs.

La deuxième conclusion qui découle des observations que nous avons présentées tout à l'heure relativement à l'inégalité de traitement comme conséquence de la disproportionnalité de la taxation, c'est la nécessité d'une taxation mieux étudiée qui, tout en se basant sur la comparaison du bénéfice imposable avec le rendement normal moyen ou avec un rendement minimum déterminé, reste dans sa progressivité, fonction du rendement des capitaux engagés, et, à rendement égal, soit toujours proportionnel à ces capitaux, quelle que soit leur importance ; sauf à tenir compte de l'importance du chiffre d'affaires par comparaison avec ces résultats, car il est certain que, à rendement égal de capitaux égaux, les bénéfices obtenus par l'effort personnel, c'est-à-dire par un important chiffre d'affaires à pourcentage réduit, devraient être moins taxés que celui résultant d'un chiffre de transactions restreint, mais avec gros écarts de prix.

Nous pensons en outre que le taux global résultant des deux taxations superposées est un peu élevé, surtout pour les affaires à gros capitaux et à bénéfices en proportion pour lesquelles, même à rendement moyen, la contribution atteint très rapidement le maximum de 50 o/o prévu au projet.

Nous signalerons à ce chapitre une dernière observation, c'est que le taux de 6 o/o, prévu au projet pour la déduction à opérer en cas de manque d'éléments de comparaison entre le bénéfice réalisé à l'exercice imposé et le bénéfice normal moyen, est insuffisant. En général, les cas où manqueront les éléments de comparaison seront ceux des installations créés en vue de la guerre. Or, il est certain que tout industriel qui n'aurait eu en vue qu'un rendement de 6 o/o de ses capitaux, n'aurait pas couru le risque de pareilles installations qui pouvaient être très éphémères et laisser dans ce cas de gros déboires. Il nous semble que le taux de 10 o/o est un minimum très modéré à prendre pour base de déduction en tout cas.

Venons maintenant à l'étude des détails d'application de la loi.

Nous signalerons tout d'abord une critique de la Chambre de commerce de Rouen qui, dans le rapport auquel nous venons de faire allusion, émet le vœu que les effets de la loi soient étendus à tous ceux ayant réalisé des bénéfices pendant la guerre, qu'ils aient ou non fait acte de commerce :

« Les professions libérales, dit M. Desmonts, les agriculteurs et
« tous ceux qui tirent leurs bénéfices du sol, en sont exemptés, et on
« ne voit pas bien pour quelle raison le projet de loi ne leur réclame

« pas les mêmes sacrifices qu'à tous les patentés français. Si dans
« l'ensemble les professions libérales sont assez fortement touchées,
« il est hors de doute que le départ de leurs confrères mobilisés a
« procuré, par exemple, aux médecins restés dans leurs foyers, des
« gains exceptionnels et de beaucoup supérieurs aux années normales.
« Du fait des séquestres des biens ennemis, certaines études ont vu
« leurs produits augmentés. D'un autre côté, par suite de l'élévation
« énorme du prix des denrées, l'agriculture a réalisé, dans certaines
« régions, des bénéfices considérables, et il en est de même pour
« certains viticulteurs dont les produits ont triplé de valeur depuis un
« an. Il n'y a aucun motif d'exonérer ces bénéfices supplémentaires et,
« en acceptant à l'unanimité le principe de la contribution extraordi-
« naire sur les bénéfices de guerre, votre Commission a été d'avis
« qu'elle devait être étendue à tous ceux pour lesquels la guerre a été
« une source de profits exceptionnels, qu'ils aient fait ou non acte de
« commerce. Les besoins de l'Etat sont tellement considérables que le
« fisc ne doit négliger aucune source de revenus. »

Nous ne méconnaissons pas tout ce qu'il y a de fondé dans les
observations de M. Desmonts, et nous sommes tout à fait d'avis,
puisqu'il s'agit de taxer les bénéfices exceptionnels, que certains gros
bénéfices agricoles, tels que ceux réalisés par les viticulteurs par
exemple, puissent être atteints par la loi : mais il est certain, et c'est
là principale raison invoquée par M. Raoul Perret au cours de la
discussion pour repousser cette extension, que, sauf pour certaines
grandes exploitations, la détermination du bénéfice moyen, et par
conséquent, celle du bénéfice exceptionnel imposable, sera des plus
difficiles. Il y aurait à chercher un critérium permettant d'asseoir
l'impôt en quelque sorte forfaitairement à l'aide d'éléments connus et
certains, en exemptant à la base toutes les exploitations dont le
bénéfice probable, déterminé d'après le critérium adopté par la loi du
15 juillet 1914, ne dépasse pas 5.000 francs, soit toutes celles dont la
moitié de la valeur locative ne dépasse pas cette somme, autrement
dit toutes celles d'une valeur locative inférieure ou égale à
10.000 francs.

A ce sujet, nous remarquons que la loi n'est pas applicable à
l'Algérie ni aux autres colonies françaises ! Il nous semble que
l'Algérie tout au moins, pour qui la guerre a été incontestablement
une source de bénéfices agricoles et commerciaux exceptionnels,
devrait être assujettie à ses dispositions !

Quant aux professions libérales, il nous semble qu'à part de rares
exceptions, elles échappent à l'idée qui a inspiré le projet, et nous ne
serions pas d'avis de les y incorporer. L'énumération prévue à

l'article premier des personnes visées par la loi les en exclut d'ailleurs, et nous croyons qu'il convient de s'y tenir en ce qui les concerne.

Nous arrivons maintenant à une objection extrêmement grave : c'est celle qui porte sur le mode de détermination du bénéfice exceptionnel. Le projet, nous l'avons vu, le définit à l'article 2 de façon précise par la différence entre le produit brut et un certain nombre de déductions énumérées limitativement. Or, il est à remarquer qu'il n'est fait, dans ces dispositions, aucune mention d'un inventaire de marchandises. Le texte, en effet, ne parle que du « produit brut des entreprises », c'est-à-dire des réalisations effectives, autrement dit le chiffre d'affaires, et ne prévoit, en ce qui concerne les marchandises, que la déduction du coût d'acquisition : a) des matières premières employées pour la fabrication des marchandises écoulées (ceci pour les entreprises industrielles), et b) des marchandises vendues (ceci pour les entreprises commerciales) pendant la période d'imposition. Il semble donc bien que la loi ne veut viser que les bénéfices résultant de la différence entre le montant de la vente et le prix de revient, des seules marchandises vendues.

On voit combien cette conception est anticommerciale, car les résultats d'une entreprise, en bénéfices ou en pertes, ne proviennent pas uniquement des opérations de vente proprement dites, mais d'une situation générale active et passive dans laquelle entre pour une large part le jeu des marchandises reportées d'un exercice à l'autre, et leur évaluation variable suivant les cours du moment.

En outre, pour toutes les affaires industrielles où les matières premières sont sujettes à triages pour constituer des qualités différentes dont les prix de vente, variables en proportion, représentent, au regard du coût moyen de ces matières, soit un bénéfice, soit une perte qui se compensent, il est impossible de ne considérer que les résultats des unes, indépendamment des autres, sous peine de fausser complètement les résultats généraux.

A vouloir donc détacher de l'ensemble d'une situation commerciale les seuls éléments fournis par les réalisations effectives pendant un exercice, en écartant celui des marchandises ou des matières premières en stock au début et à la fin de chaque exercice, on ne peut arriver qu'à un résultat commercialement faux, et cela au prix d'un travail minutieux et considérable — parfaitement inutile d'ailleurs — pour lequel il faudra du temps et des comptables exercés : autant dire que ce serait à peu près impraticable en temps de guerre.

En outre, cette détermination étant, au point de vue commercial, une conception très spéciale, ne pourrait être utilement comparée avec le bénéfice normal moyen, tel que défini à l'article 3, qui comporte

« les résultats effectifs » des trois exercices, c'est-à-dire basés sur des inventaires établis commercialement. Ce sont, en effet, deux notions d'ordre complètement différent. A moins qu'on ne veuille obliger les assujettis à refaire pour chacun des exercices pris pour base de comparaison les mêmes calculs, et nous venons de voir que ce serait déjà impossible pour les exercices sujets à l'impôt.

Il faut donc de toute nécessité renoncer à cette conception du bénéfice imposable : le seul élément sérieux d'évaluation tant pour la détermination du bénéfice exceptionnel, que pour sa comparaison avec le bénéfice normal, est l'inventaire établi d'après les règles commerciales, c'est-à-dire le bilan de la situation active et passive de l'entreprise complété par la balance du compte marchandises.

Et comme la loi n'exige pour les commerçants qu'un inventaire par an, qu'elle leur laisse le droit de déterminer suivant leurs convenances à quelle époque cette opération doit s'établir, qu'il ne peut donc pas être question d'imposer aux assujettis l'obligation soit de changer la date choisie pour la faire concorder avec la date prévue au projet de loi, soit de refaire à cette date un autre inventaire qui ne pourrait, outre la perte de temps qui en résulterait, qu'apporter le trouble dans leurs écritures, il s'ensuit qu'il est absolument nécessaire de poser comme principe le *droit* pour chaque patenté de faire sa déclaration au moment de l'année qui lui conviendra et qui sera déterminé par la date de son inventaire.

Il faudra donc modifier complètement le texte de cet article 2 et stipuler que le seul résultat à considérer pour les assujettis patentés, soit dans la détermination de leur bénéfice total, soit pour sa comparaison avec le bénéfice normal, sera celui qui ressortira de leurs bilans régulièrement établis en la forme et aux dates accoutumées, selon les usages commerciaux loyalement appliqués, tant en ce qui concerne les calculs d'amortissement que l'évaluation des marchaudises en stock, et les dépréciations prévues pour celles en pays ennemi ou envahi.

Subsidiairement, toutefois, une observation s'impose. Le texte de l'article 2 (3°) définit les frais généraux : réparation et entretien, assurances, combustible, force motrice, loyer, mais ne fait pas mention de l'intérêt des capitaux engagés. Or, dans nombre de Sociétés en nom collectif, c'est une pratique courante de faire figurer cet intérêt aux frais généraux. Dans les Sociétés anonymes, au contraire, l'intérêt du capital est constitué par le dividende distribué, lequel est un emploi de bénéfices. Il a donc là deux manières de faire différentes. Si l'on adopte la proposition de remaniement de l'article 2 exposée plus haut, c'est-à-dire que les bilans commerciaux en la forme accoutumée soient pris pour base, aussi bien pour la détermination du bénéfice exceptionnel que pour celle du bénéfice normal à en déduire, il n'y a aucun inconvénient à laisser chaque assujetti continuer ses errements habituels, puisque les éléments comparés seront de même ordre pour chacun d'eux. Mais si le projet de loi devait maintenir les prescriptions de l'article 2, il serait de toute nécessité d'apporter une modification au texte de l'un des deux articles suivants :

A l'article 2 (3°), admettre la déduction comme frais généraux de l'intérêt du capital engagé pour les entreprises pour lesquelles cet intérêt figurait aux frais généraux dans les exercices pris comme comparaison.

Ou bien à l'article 3, § 2ᵉ, à la définition du bénéfice normal, indiquer que ce bénéfice devra être augmenté de l'intérêt du capital pour les entreprises pour lesquelles cet intérêt figurait aux frais généraux.

Nous avons vu tout à l'heure, dans les critiques de principe que nous avons formulées contre certaines dispositions, que la forme de taxation adoptée par le projet aboutissait à des inégalités de traitement tout à fait injustifiées, et nous avons émis le vœu d'y voir substituer une taxation en même temps plus modérée et proportionnelle au rendement des capitaux.

A ce sujet se pose la question de savoir si la contribution pourra être ou non déduite du montant du bénéfice imposé; en d'autres termes, pour parler comme en matière d'escompte, si elle se calculera en dehors ou en dedans. Etant donné l'élévation du taux, cette observation en vaut la peine, car la différence entre le montant calculé d'une manière ou de l'autre ira de 1 o/o à 20 o/o du bénéfice imposable, suivant que le taux global ressortira de 10 à 50 o/o.

Prenons, par exemple, une Société dont le bénéfice normal serait de 100.000 francs et le bénéfice exceptionnel imposable 150.000. L'impôt calculé en dehors serait de 34.000 francs et calculé en dedans de seulement fr. 26.153,85. Différence, fr. 7.846,15 ou 5,23 o/o du bénéfice imposable[1].

---

[1] Le calcul s'établit comme suit :

En dehors : 5 o/o : 50.000 + 20.000 = 3.500)
          10 o/o : 50.000 + 30.000 = 8.000 } 34.000
          15 o/o : 50.000 + 100.000 = 22.500)

$$\textit{En dedans : } x = \frac{5}{100}(70.000) + \frac{10}{100}(80.000) + \frac{15}{100}(150.000 - 100.000 - x + 150.000 - 50.000 - x)$$

d'où on tire : $\dfrac{130\,x}{100} = 34.000$, et $x = 26.153,85$

Vérification : 150.000 — 26.153,85 = 123.846,15
     5 o/o : 50.000 + 20.000 = 3.500)
   10 o/o : 50.000 + 30.000 = 8.000 } 26.153,85
   15 o/o : 23.846 + 73.846 = 14.653,85)

La loi dit bien qu'il s'agit d'une contribution sur les bénéfices nets, et, en définissant ce bénéfice net, elle prévoit bien la déduction des « contributions afférentes à l'entreprise ». Or, la contribution en question est bien évidemment une contribution afférente à l'entreprise, puisqu'elle variera suivant les résultats de chaque entreprise. D'autre part, le bénéfice net est, en effet, celui qui ressort après déduction de toutes les charges, celui qui peut être distribué aux Actionnaires dans les Sociétés anonymes. Il semble donc que la contribution doive bien être calculée en dedans, c'est-à-dire après déduction de la contribution elle-même. Mais ce n'est pas clairement établi, et comme, d'autre part, le calcul, avec la double taxe progressive, en est assez compliqué, il est à craindre que l'Administration ne l'entende autrement. Le plus simple serait d'en opérer la déduction sur le taux lui-même, en adoptant une échelle de progression plus simple, ou même plutôt, pour suivre la voie déjà indiquée dans la loi relative à l'impôt sur le revenu, une taxe dégressive à la base avec taux fixe.

Si nous appliquons ce calcul à l'exemple pris tout à l'heure à propos de l'application rétroactive de la loi au premier exercice, nous trouverons que :

Au lieu d'être pour le premier exercice de dix-sept mois de . . . . fr. 33.000 »

et pour le second d'un an. . . . . 23.000 »

Ensemble . . . . fr. 56.000 »

La contribution du premier exercice ne serait que. fr. 27.570 50[1]

---

[1] Le calcul sera :

Pour un an :

$$x = \frac{5}{100} (48.000 + 20.000) + \frac{10}{100} (48.000 + 30.000)$$

$$+ \frac{15}{100} (B - 96.000 - x + B - 50.000 - x)$$

(B = 120.000), d'où on tire : $130\,x = 25.300$ et $x = 19.461,55$.

Vérification :

$120.000 - 19.461,55 = 100.538,50$

$5\ o/o : 48.000 + 20.000 = 3.400$

$10\ o/o : 48.000 + 30.000 = 7.800$

$15\ o/o : 4.538,50 + 50.538,50 = 8.261,55$

$19.461,55$

Pour l'exercice de dix-sept mois : $\dfrac{19.461,55 \times 17}{12} = 27.570,50$

laissant pour le second exercice un bénéfice imposable de . . . . fr.   92.429 50
dont la contribution, calculée de
la même manière serait   . . .   »   13.765 90[1]

Ensemble   . . . .   fr.   41.336 40

Soit une différence de . . . .   fr.   14.663 60

Une dernière observation enfin porte sur l'attribution de la juridiction et la constitution des Commissions prévues au projet. Nous ne
voyons aucune raison pour l'adoption de cette juridiction spéciale, dans
laquelle au surplus la part faite aux éléments commerciaux et industriels est singulièrement restreinte.

Nous repoussons donc nettement cette disposition du projet de loi,
et nous demandons que toutes les contestations soient réglées par la
juridiction de droit commun, en l'espèce, les Tribunaux de commerce
pour le premier degré, et la Cour d'appel pour le deuxième degré.

Telles sont les observations que nous semble justifier l'étude de la
présente loi. Quels sont maintenant les desiderata que nous aurions à
formuler pour que la participation exceptionnelle aux charges de
l'heure présente demandée au commerce et à l'industrie soit obtenue
avec le maximum d'efficacité et le maximum d'égalité, sans violer les
principes de liberté que nous avons toujours défendus.

Il est certain, comme nous le disions au début de ce rapport, que,
conformément à l'avis que nous avions exprimé au moment de la discussion de l'impôt sur le revenu, nos préférences iraient à une taxe
forfaitaire établie sur tous ceux qui font acte de commerce soit en fonc-

---

[1] Le calcul sera :

$$x = \frac{5}{100}\,(48.000 + 20.000) + \frac{10}{100}\,(B - 48.000 - x + 30.000)$$

$$+ \frac{15}{100}\,(B - 50.000 - x)$$

(B = 92.429,50), d'où on tire : $125\,x = 1.720.737,50$; $x = 13.765,90$).

Vérification :

92.429,50 — 13.765,90 = 78.663,60
   5 o/o 48.000   + 20.000 = 3.400
10 o/o 30.663,60 + 30.000 = 6.066,35
15 o/o   28.663 = 4.299,50
                       13.765,90

tion de la patente (et nous rappelons que la patente pour les fournitures faites tant à l'Etat qu'aux Administrations publiques est établie ou d'après le tarif afférent à la profession industrielle des fournisseurs, ou à raison de 1/4 o/o sur le montant annuel des fournitures faites, suivant que l'un ou l'autre mode de taxation donne un chiffre plus élevé, ce qui permettrait donc d'atteindre les fournisseurs non patentés aussi bien que les autres) ; soit en fonction de la valeur locative pour les propriétés immobilières, sous réserve de l'exemption pour toutes les propriétés d'une valeur locative inférieure à 10.000 francs, ce qui permettrait d'atteindre aussi les bénéfices agricoles. Les intermédiaires pourraient être taxés aussi à raison d'un pourcentage sur le montant des affaires traitées par leur entremise. Quant aux patentés, une classification des différentes professions pourrait être établie à raison de leur plus ou moins de prospérité économique du fait de la guerre, le bénéfice exceptionnel imposable étant déterminé pour chaque catégorie en fonction de la patente à raison de 20, 30, 40, 60 fois et avec taxe progressive, corrigée par le droit pour chacun, en cas de surtaxe, d'apporter au contrôleur telles justifications qu'il croirait. Ce serait à nos yeux le procédé le plus simple, et qui, au point de vue fiscal serait peut-être le plus avantageux, parce que, frappant tous les patentés sans distinction d'une taxe modérée, le plus grand nombre, même parmi ceux qui se considéreraient comme surtaxés préférerait acquitter la contribution, soit par patriotisme, pour apporter leur coopération à la Défense nationale, soit pour éviter des justifications qui entraîneraient pour eux une violation — volontaire, il est vrai — du secret de leurs affaires.

Que si l'on nous objecte que cette conception de la taxation étendue à tous les contribuables patentés dépasse l'esprit du projet, qui ne veut soumettre à la contribution que les Sociétés ou personnes ayant réalisé des bénéfices *exceptionnels*, nous répondrons que le projet de loi, pour faire la discrimination de ceux qui seront ou non assujettis, exige de tous la déclaration, sous peine de taxation d'office et forfaitaire, et sous réserve de possibilité de justification devant les juridictions spéciales par la production de tous livres et documents. C'est donc bien aussi la taxation *pour tous* avec justification possible, et avec cette aggravation que le projet prévoit la taxe d'office sans indication de base, c'est-à-dire laissée tout à fait à l'arbitraire des taxateurs.

Toutefois, nous reconnaissons que, de même que nous avions en 1914 subordonné la détermination forfaitaire du bénéfice commercial à la révision du régime des patentes, de même aujourd'hui — puisque cette révision, toujours ajournée, n'est pas encore faite — le système préconisé plus haut, s'il était généralisé, présenterait dans ses résultats des inégalités proportionnelles aux inégalités du régime. En outre, il ne répondrait qu'incomplètement à l'esprit dont s'inspire le projet, de demander le plus gros effort aux plus favorisés. D'autre part enfin, la loi du 15 juillet 1914 a fixé pour les contribuables de nouvelles obligations devant lesquelles nous sommes prêts à nous incliner, mais à la condition que rien dans la loi nouvelle ne vienne aggraver ces obligations, ni violer les barrières bien frêles dont elle a cependant entouré la liberté et le secret des affaires.

Sous réserve donc des observations présentées précédémment, nous nous rallierons à une déclaration *facultative* tenue pour valable, sauf preuve contraire à faire par le contrôleur à l'aide des documents dontil peut avoir connaissance en vertu de ses fonctions, avec taxe forfaitaire d'office au cas de non déclaration. Toutefois : d'une part, la déclaration devrait, à notre avis, en conformité avec ce que nous disions tout à l'heure, porter non seulement sur le montant du bénéfice, mais encore sur le capital engagé et le chiffre d'affaires, et cela aussi bien pour l'exercice soumis à la contribution que pour les exercices pris comme comparaison ; et, d'autre part, en cas de non déclaration et de taxation d'office, il y aurait à notre avis, à faire une distinction pour la détermination de la base de taxation entre les différentes catégories d'assujettis.

Nous résumons tous ces desiderata dans le vœu suivant que nous proposons à votre approbation :

La Chambre de commerce de lyon :

Reconnaissant qu'en face des charges écrasantes qu'impose à l'Etat le soin de la Défense nationale, il est légitime qu'il demande à tous ceux qui — du fait de la guerre ou malgré la guerre — se trouvent dans une situation économique privilégiée, une contribution sur leurs bénéfices supplémentaires ou exceptionnels ; mais tenant à affirmer les principes de liberté commerciale qu'elle a toujours défendus ;

Affirme tout d'abord ses préférences pour une contribution instituée pour toutes les personnes ou Sociétés ayant fait acte de commerce pendant la guerre, et déterminée par une taxe annuelle modérée à forme dégressive à la base, établie sur un bénéfice exceptionnel déterminé forfaitairement comme suit :

1° En fonction de la patente pourcentuelle sur le chiffre d'affaires, pour les fournisseurs, sous-traitants, et intermédiaires de marchés avec l'Etat ou des Administrations publiques.

2° Sur les produits nets servant de base à la détermination de la redevance, par comparaison avec la moyenne de ceux des trois exercices antérieurs au 1er août 1914, pour les assujettis à la redevance des Mines.

3° En fonction de la valeur locative, pour les exploitations agricoles, sous réserve de l'exemption des propriétés d'une valeur locative inférieure à 10.000 francs.

4° En fonction du principal de la patente, pour tous les patentés, sauf les professions libérales, le nombre de fois la patente prise pour base de la détermination du bénéfice imposable variant par catégories de professions, suivant une classification établie au prorata de leur prospérité économique du fait de la guerre.

Avec droit pour chaque assujetti de se faire dégrever en fournissant toutes preuves nécesaires, la communication du résultat de l'inventaire se rapportant à l'exercice sur lequel porterait la réclamation, communication certifiée sincère après vérification par un expert agréé par le Tribunal de commerce, étant considérée comme une vérification suffisante.

Toutefois, la Chambre de Commerce de Lyon,

Reconnaissant qu'une taxe de cette forme ne répondrait pas complètement à l'idée de contribution progressive des bénéfices supplémentaires ou exceptionnels réalisés pendant la guerre ;

Respectueuse, au surplus, des décisions de la loi du 15 juillet 1914 dont s'inspire le projet sous examen, mais nettement opposée à toute disposition de nature à faire disparaître les frêles garanties de liberté commerciale que cette loi a laissé subsister,

Déclare se rallier pour la détermination de la contribution sur les bénéfices exceptionnels ou supplémentaires réalisés pendant la guerre au principe de la déclaration *facultative*, mais aux conditions suivantes :

I. — Il sera institué une contribution sur les bénéfices exceptionnels ou supplémentaires réalisés pendant la guerre par toutes les catégories de personnes ou Sociétés prévues à l'article premier du projet de loi, en y ajoutant les exploitations agricoles, sous réserve de l'exemption de celles d'une valeur locative inférieure à 10.000 francs.

Le bénéfice supplémentaire sera celui en surplus du rendement moyen des trois exercices antérieurs au 1er août 1914 ou moins, si l'entreprise date de moins de trois ans avant — ce rendement moyen ne pouvant en tout cas être inférieur à 10 o/o du capital engagé. Le bénéfice exceptionnel sera, à défaut d'éléments de comparaison avec les résultats antérieurs au 1er août 1914, constitué par le bénéfice total réalisé, diminué d'un rendement annuel de 10 o/o du capital engagé.

II. — Cette contribution sera due par chaque assujetti à raison des résultats globaux de toutes les entreprises dans lesquelles il est intéressé pendant une période allant du 1er août 1914 jusqu'à la clôture de l'exercice qui prendra fin pour chaque entreprise au cours des douze

mois qui suivront la cessation des hostilités —, un délai de six mois
étant imparti après cette clôture pour le règlement définitif — compensation faite des pertes subies dans l'une quelconque des entreprises
au cours d'un ou plusieurs des exercices soumis à la contribution.

Toutefois, en considération des nécessités fiscales, des paiements
annuels seront faits par les assujettis au prorata des déterminations
annuelles pour chaque entreprise, sous réserve d'un redressement
basé sur les résultats globaux en fin de période, comme expliqué
plus haut, et qui pourra donner lieu soit à un remboursement de la part
de l'Etat, soit à un paiement complémentaire de la part de l'assujetti.

III. — Cette contribution sera établie au prorata du bénéfice supplémentaire évalué en fonction du bénéfice normal moyen et du rendement
qui en ressort pour le capital engagé et en tenant compte du chiffre
d'affaires, le tout par comparaison avec les mêmes éléments déterminés d'après la moyenne des exercices antérieurs au 1er août 1914 et
sous les déductions prévues plus haut. Elle ne devra, en aucun cas,
dépasser un tiers du bénéfice net imposable.

Elle sera déterminée par une taxe modérée à forme dégressive à la
base, qui sera appliquée au bénéfice net, c'est-à-dire diminué de la
contribution elle-même. Toutefois, pour les facilités de l'application,
cette déduction pourra être opérée sur le taux même de la taxation,
de façon que ce taux appliqué au bénéfice tel qu'il ressortira avant la
déduction de la contribution, donne le même résultat que si le calcul
était fait au taux normal et diminué de la contribution.

IV. — Chaque année, dans les quatre mois qui suivront la clôture
de l'exercice commercial normal de chacune des entreprises dans
lesquelles ils sont intéressés — pour la première fois après la clôture de
l'exercice qui prendra fin après la promulgation de la loi, et pour la
dernière fois après la clôture de celui qui prendra fin dans les douze
mois qui suivront la cessation des hostillités — les assujettis souscri-
ront une déclaration des bénéfices supplémentaires ou exceptionnels
obtenus, du capital engagé et du chiffre d'affaires réalisé pendant cet
exercice — le premier exercice embrassant tout le temps écoulé depuis
le 1er août 1914 — ainsi que du bénéfice moyen, du capital et du chiffre
d'affaires moyens afférents à la même entreprise pendant les exercices
antérieurs au 1er août 1914 pris pour comparaison. Dans le cas de non
déclaration de ces éléments de comparaison, la taxe serait appliquée
sur le bénéfice considéré comme exceptionnel, c'est-à-dire après déduction de 10 o/o du capital engagé.

Les éléments de cette déclaration, aussi bien en ce qui concerne les
résultats de l'exercice que ceux pris pour comparaison, seront ceux
qui ressortiront des inventaires régulièrement établis aux dates et

dans la forme accoutumées ; sur des bases équivalentes, notamment pour ce qui est de l'incorporation, ou non, de l'intérêt du capital dans les frais généraux ; suivant les usages commerciaux du siège de l'entreprise loyalement appliqués tant au point de vue des calculs d'amortissement d'immeubles et de matériel — compte tenu des installations spéciales en vue de la guerre — que de l'évaluation des marchandises en stock et de leur dépréciation raisonnée, des provisions pour marchandises en pays ennemi ou envahi, des créances irrécouvrables, et notamment des créances moratoriées ou de celles sur pays ennemis ou envahis, etc.

Les déclarations ainsi souscrites seront acceptées et vérifiées conformément aux dispositions de la loi du 15 juillet 1914.

V. — En cas de non déclaration dans les délais impartis, chaque contribuable susceptible d'être assujetti à la loi en vertu de l'article premier sera taxé d'office, d'après les bases suivantes :

a) Pour les fournisseurs, sous-traitants et intermédiaires de marchés passés avec l'Etat ou avec des administrations publiques : à raison d'un certain nombre de fois la patente pourcentuelle sur le montant des fournitures.

b) Pour les bénéfices agricoles : suivant un critérium forfaitaire à déterminer, et qui pourrait être fonction de la valeur locative, sous réserve de l'exemption de celles d'une valeur locative inférieure à 10.000 francs.

c) Pour les exploitants de mines, et pour les Sociétés dont les bilans sont soumis à la formalité de la publication : par comparaison entre les résultats d'avant et après août 1914.

d) Pour les Sociétés non soumises à la publication et pour tous les autres patentés :

1° Toutes les fois que ce sera possible, par comparaison avec les résultats connus des entreprises similaires.

2° A défaut d'éléments de comparaison, à raison de x fois le principal de la patente.

VI. — Tout assujetti taxé d'office en vertu des paragraphes précédents, qui se croirait surtaxé, pourra réclamer auprès du contrôleur des Contributions directes à charge par lui d'apporter la preuve. La communication des résultats de l'inventaire ou des inventaires sur lesquels portera la réclamation, ainsi que la déclaration du capital engagé et du chiffre d'affaires, certifiées sincères après vérification par un expert agréé par le Tribunal de commerce, seront considérées comme une justification suffisante.

VII. — Les dispositions de la loi seront applicables à l'Algérie.

Après discussion, ce rapport, mis aux voix par M. le Président, est approuvé à l'unanimité.

En conséquence,

La Chambre de commerce de Lyon,

Adopte en ses termes et conclusions le rapport qui précède, le transforme en délibération et décide qu'il sera adressé à M. le Ministre du commerce et de l'industrie, à M. le Ministre des finances et à toutes les Chambres de commerce de France.

POUR EXTRAIT CONFORME :
Le Secrétaire, membre de la Chambre,
A. PERRIN

Lyon. — Imprimerie A. Rey, 4, rue Gentil. — 71287